FRANÇAIS

SOUTIEN DEUIL POUR LES ENFANTS

AMIS POUR TOUJOURS : UNE HISTOIRE D'AMOUR ET DE PERTE

MARCY SCHAAF

FOREVER FRIENDS: A TALE OF LOVE AND LOSS

MARCY SCHAAF

COPYWRITE @2023 MARCY SCHAAF
AMIS POUR TOUJOURS :
UNE HISTOIRE D'AMOUR ET DE PERTE

COPYWRITE @2023 MARCY SCHAAF
FOREVER FRIENDS:
A STORY OF LOVE AND LOSS

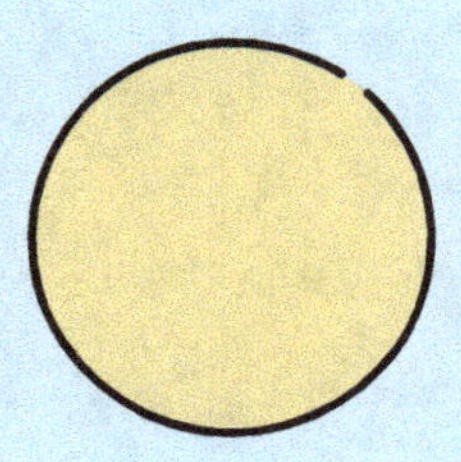

IN A WHIMSICAL WORLD WHERE LOVE KNOWS NO BOUNDS, AND LAUGHTER DANCES ON THE BREEZE, WE FIND A TOWN NESTLED BY A GENTLE STREAM, WHERE FURRY FRIENDS BECOME FAMILY AND EVERY DAY FEELS LIKE A DREAM. IN THIS ENCHANTING PLACE, OUR STORY UNFOLDS, WHERE A PUP NAMED BENNY AND HIS BEST FRIEND TIM WILL TEACH US LESSONS THAT ARE GOLDEN. WITH RHYMES AND COLORS, AND A TOUCH OF DR. SEUSS, JOIN US NOW IN A HEARTWARMING TALE, "FOREVER FRIENDS: A TALE OF LOVE AND LOSS," WHERE LOVE AND FRIENDSHIP WILL SET YOUR HEARTS AFLOAT, AND WHERE EVEN WHEN GOODBYES ARE SAID, THE BOND OF LOVE WILL NEVER FADE, WE'LL ALWAYS HOLD IT CLOSE.

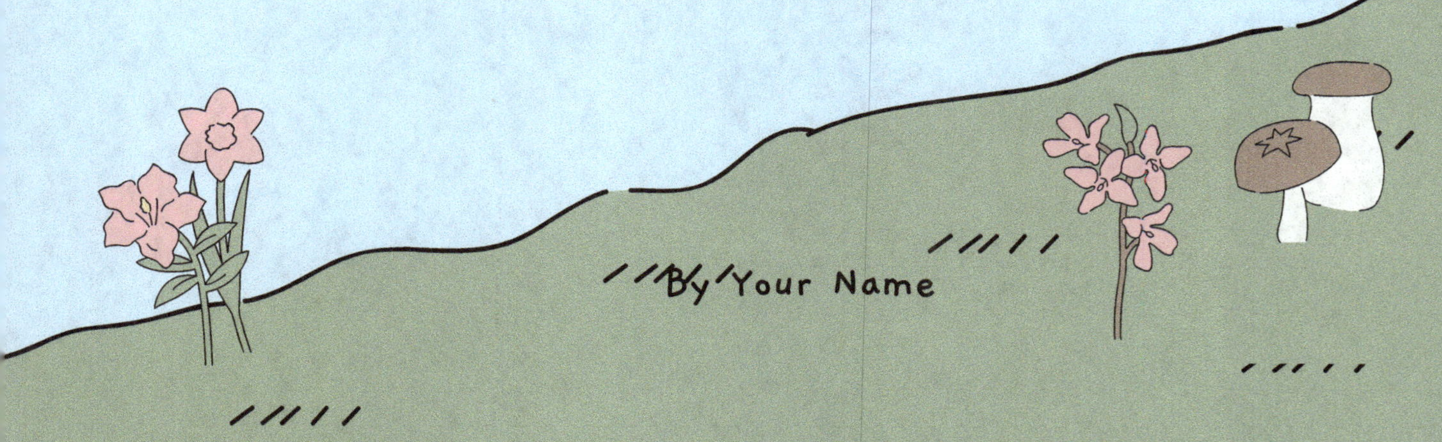

DANS UN MONDE FANTAISISTE Où L'AMOUR NE CONNAÎT PAS DE LIMITES ET Où LE RIRE DANSE AU GRé DE LA BRISE, NOUS TROUVONS UNE VILLE NICHéE AU BORD D'UN DOUX RUISSEAU, Où LES AMIS à QUATRE PATTES DEVIENNENT UNE FAMILLE ET CHAQUE JOUR RESSEMBLE à UN RÊVE. DANS CE LIEU ENCHANTEUR SE DéROULE NOTRE HISTOIRE, Où UN CHIOT NOMMé BENNY ET SON MEILLEUR AMI TIM NOUS DONNERONT DES LEÇONS EN OR. AVEC DES RIMES ET DES COULEURS, ET UNE TOUCHE DU DR SEUSS, REJOIGNEZ-NOUS MAINTENANT DANS UN CONTE RéCONFORTANT, "FOREVER FRIENDS: A TALE OF LOVE AND LOSS", Où L'AMOUR ET L'AMITIé METTRONT VOS CŒURS à FLOT, ET Où MêME LORSQUE LES ADIEUX SONT DITS , LE LIEN D'AMOUR NE S'EFFACERA JAMAIS, NOUS LE GARDERONS TOUJOURS PROCHES.

FOREVER FRIENDS: A TALE OF LOVE AND LOSS

FOREVER FRIENDS : UNE HISTOIRE D'AMOUR ET DE PERTE

IN A TOWN BY A STREAM,
WHERE THE GRASS WAS SO GREEN,
LIVED A PUP NAMED BENNY,
THE HAPPIEST SEEN.

DANS UNE VILLE AU BORD D'UN RUISSEAU, OÙ L'HERBE ÉTAIT SI VERTE, VIVAIT UN CHIOT NOMMÉ BENNY, LE PLUS HEUREUX JAMAIS VU.

HIS FUR WAS ALL FLUFFY,
HIS TAIL, A PROUD CURL,
WITH EYES FULL OF MISCHIEF
AND ONE FLOPPY EAR TWIRL.

SA FOURRURE ÉTAIT TOUTE DUVETEUSE, SA QUEUE, UNE BOUCLE FIÈRE, AVEC DES YEUX PLEINS DE MALICE ET UNE OREILLE TOMBANTE QUI TOURNOYAIT.

BENNY'S OWNER, YOUNG TIM.
WAS HIS VERY BEST FRIEN
TOGETHER THEY PLAYED
A BOND THAT WON'T END.

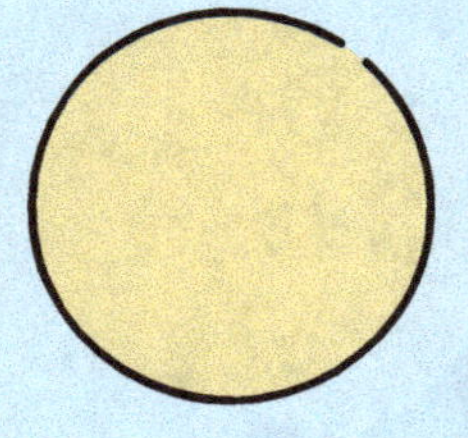

By Your Name

LE PROPRIÉTAIRE DE BENNY, LE JEUNE
TIM, ÉTAIT SON MEILLEUR AMI. E,
ILS ONT JOUÉ, UN LIEN QUI NE F
PAS FIN.

Par ton nom

THEY'D CHASE AFTER FRISBEES
AND CLIMB UP A HILL,
AND NO MATTER WHAT HAPPENED,
THEY'D NEVER SIT STILL.

ILS COURAIENT APRÈS LES FRISBEES ET GRIMPAIENT UNE COLLINE, ET PEU IMPORTE CE QUI ARRIVAIT, ILS NE RESTAIENT JAMAIS ASSIS.

BUT AS SEASONS PASSED BY,
BENNY STARTED TO SLOW,
HIS ENERGY WANED,
AND HIS ONCE-SHINY GLOW.

MAIS AU FIL DES SAISONS, BENNY A COMMENCÉ à RALENTIR, SON ÉNERGIE A DIMINUÉ ET SON ÉCLAT AUTREFOIS BRILLANT A DIMINUÉ.

THE VET HAD SOME NEWS
THAT WAS HEAVY TO BEAR,
BENNY'S TIME WAS NEAR,
AND IT FILLED THE AIR.

LE VÉTÉRINAIRE AVAIT UNE NOUVELLE LOURDE À SUPPORTER, L'HEURE DE BENNY ÉTAIT PROCHE ET CELA A REMPLI L'AIR.

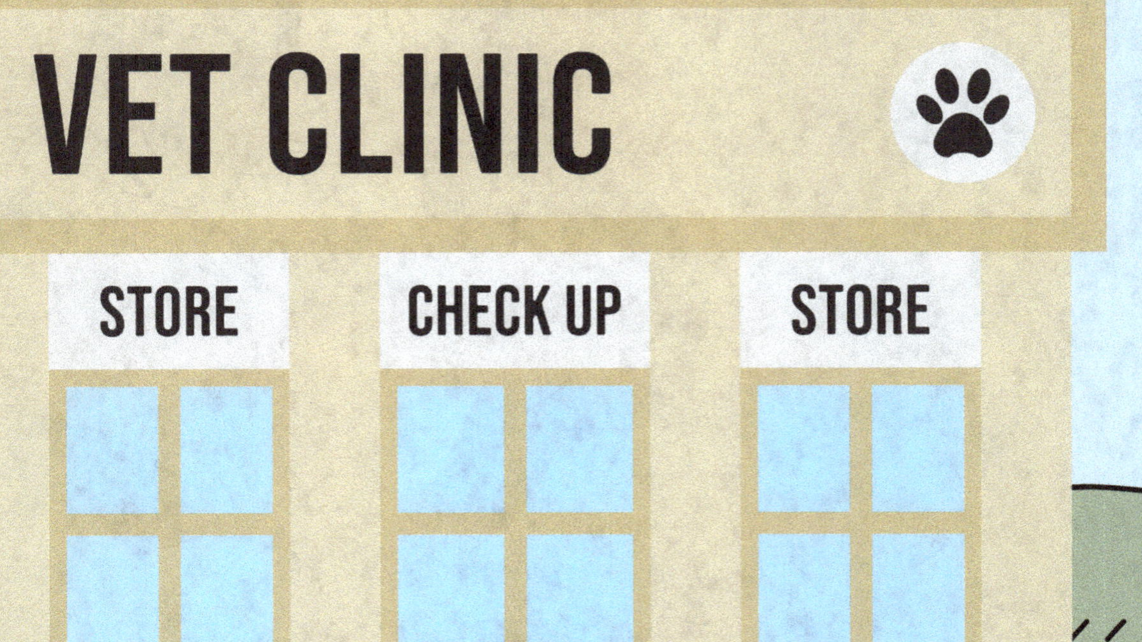

WITH A TEAR IN HIS EYE,
TIM HUGGED BENNY TIGHT,
"I'LL LOVE YOU FOREVER,
DAY AND NIGHT."

BENNY'S TAIL WAGGED,
AND HE GAVE A SOFT BARK,
"REMEMBER OUR MOMENTS,
EVEN WHEN IT'S DARK."

AVEC UNE LARME AUX YEUX, TIM SERRA BENNY FORT DANS SES BRAS, "JE T'AIMERAI POUR TOUJOURS, JOUR ET NUIT."

LA QUEUE DE BENNY REMUA ET IL ÉMIT UN LÉGER ABOIEMENT : "SOUVIENS-TOI DE NOS MOMENTS, MÊME QUAND IL FAIT SOMBRE."

AS BENNY LAY PEACEFULLY
UNDER THE SKY,
TIM WHISPERED, "GOODBYE,"
WITH A HEARTFELT SIGH.

ALORS QUE BENNY GISAIT PAISIBLEMENT SOUS LE CIEL, TIM MURMURA « AU REVOIR » AVEC UN SOUPIR SINCÈRE.

THE DAYS BECAME QUIET,
NO MORE JOYFUL PLAY,
BUT MEMORIES OF BENNY
WOULD NEVER FADE AWAY.

LES JOURNÉES DEVINRENT CALMES, PLUS DE JEUX JOYEUX, MAIS LES SOUVENIRS DE BENNY NE S'EFFACERAIENT JAMAIS.

TIM THOUGHT OF THEIR LAUGHTER,
THEIR LOVE, AND THEIR FUN,
THE ADVENTURES THEY'D HAD
UNDER THE WARM SUN..

TIM PENSAIT à LEURS RIRES, LEUR AMOUR ET LEUR PLAISIR, AUX AVENTURES QU'ILS AVAIENT VÉCUES SOUS LE CHAUD SOLEIL.

HE KNEW IT WAS TIME
TO FIND A NEW FRIEND,
A PET WHO'D BRING JOY,
TO THE VERY END.

ANIMAL SHELTER

IL SAVAIT QU'IL ÉTAIT TEMPS DE TROUVER UN NOUVEL AMI, UN ANIMAL DE COMPAGNIE QUI LUI APPORTERAIT DE LA JOIE, JUSQU'à LA FIN.

AT THE SHELTER,
HE MET A CAT NAMED LOU,
WITH BRIGHT, SPARKLY EYES,
AND A SOFT, GENTLE MEW.

AU REFUGE, IL A RENCONTRÉ UN CHAT NOMMÉ LOU, AVEC DES YEUX BRILLANTS ET BRILLANTS ET UN MIAULEMENT DOUX ET DOUX.

THEY TOOK TO EACH OTHER,
LIKE A HAND IN A GLOVE,
A FRIENDSHIP SO PERFECT,
SENT FROM ABOVE.

ILS S'APPROCHÈRENT, COMME UNE MAIN DANS UN GANT, UNE AMITIÉ SI PARFAITE, ENVOYÉE D'EN HAUT.

LOU AND TIM PLAYED,
SIDE BY SIDE, EVERY DAY,

THEIR LAUGHTER AND LOVE CHASED
THE GLOOMY CLOUDS AWAY.

LOU ET TIM JOUAIENT CÔTE À CÔTE TOUS LES JOURS,
LEURS RIRES ET LEUR AMOUR CHASSÈRENT LES NUAGES SOMBRES.

THOUGH BENNY WAS GONE,
HIS SPIRIT LIVED ON,
IN THE LOVE THAT THEY SHARED,
A BOND NEVER GONE.

BIEN QUE BENNY SOIT PARTI, SON ESPRIT A SURVÉCU. DANS L'AMOUR QU'ILS PARTAGEAIENT, UN LIEN N'A JAMAIS DISPARU.

AND THE TOWN BY THE STREAM,
WHERE THE GRASS WAS SO GREEN,
WAS FILLED WITH LOVE,
AS BRIGHT AS CAN BE SEEN.

ET LA VILLE AU BORD DU RUISSEAU, OÙ
L'HERBE ÉTAIT SI VERTE, ÉTAIT REMPLIE
D'AMOUR, AUSSI BRILLANT QU'ON PUISSE
LE VOIR.

THE LESSON THEY LEARNED,
IN THAT SMALL, LITTLE TOWN,
IS THAT LOVE NEVER LEAVES;
IT STICKS AROUND.

LA LEÇON QU'ILS ONT APPRISE, DANS
CETTE PETITE, PETITE VILLE, C'EST QUE
L'AMOUR NE S'EN VA JAMAIS ;
ÇA RESTE.

THE LOSS OF A PET
IS A HARD THING TO BEAR,
BUT THE MEMORIES AND LOVE
ARE ALWAYS THERE.

LA PERTE D'UN ANIMAL DE COMPAGNIE EST UNE CHOSE DIFFICILE à SUPPORTER, MAIS LES SOUVENIRS ET L'AMOUR SONT TOUJOURS Là.

NO MATTER THE SORROW,
THE TEARS, OR THE PAIN.
LOVE'S EVERLASTING,
LIKE A GENTLE, SOFT RAIN.

PEU IMPORTE LE CHAGRIN, LES LARMES
OU LA DOULEUR, L'AMOUR EST ÉTERNEL,
COMME UNE PLUIE DOUCE ET DOUCE.

WITH JOY IN YOUR HEART,
AND A SMILE ON YOUR FACE,
CHERISH THE LOVE IN
EVERY PET'S EMBRACE.

AVEC DE LA JOIE DANS VOTRE CŒUR ET
UN SOURIRE SUR VOTRE VISAGE,
CHÉRISSEZ L'AMOUR DANS LES BRAS DE
CHAQUE ANIMAL.

AND KNOW WHEN YOU LOSE,
A FURRY BEST FRIEND,
THE LOVE THAT YOU SHARED
WILL NEVER TRULY END.

ET SACHEZ QUE LORSQUE VOUS PERDEZ UN MEILLEUR AMI à QUATRE PATTES, L'AMOUR QUE VOUS AVEZ PARTAGé NE PRENDRA JAMAIS VRAIMENT FIN.

FOR IN THE STORY OF LIFE,
WITH ITS HIGHS AND ITS LOWS,
LOVE'S A RIVER THAT FOREVER
ONWARD FLOWS.

CAR DANS L'HISTOIRE DE LA VIE, AVEC SES HAUTS ET SES BAS, L'AMOUR EST UNE RIVIÈRE QUI COULE TOUJOURS.

SO LET'S CELEBRATE LIFE,
AND THE LOVE THAT WE SHARE,
WITH THOSE FURRY FRIENDS,
WHO SHOW US THEY CARE.

ALORS CÉLÉBRONS LA VIE ET L'AMOUR QUE NOUS PARTAGEONS AVEC CES AMIS À QUATRE PATTES QUI NOUS MONTRENT QU'ILS SE SOUCIENT DE NOUS.

AND NOW, IN OUR TOWN
BY THE STREAM SO SERENE,
LOVE SHINES EVEN BRIGHTER,
IT'S ALWAYS BEEN SEEN.

ET MAINTENANT, DANS NOTRE VILLE AU BORD DU RUISSEAU SI SEREIN, L'AMOUR BRILLE ENCORE PLUS FORT, ON L'A TOUJOURS VU.

SO HUG YOUR PET CLOSE,
GIVE THEM A BIG KISS,
FOR LOVE AND CONNECTION,
THERE'S NOTHING AMISS.

ALORS SERREZ VOTRE ANIMAL DE COMPAGNIE DANS VOS BRAS, DONNEZ-LUI UN GROS BISOU. POUR L'AMOUR ET LA CONNEXION, IL N'Y A RIEN DE MAL.

WITH LOVE IN OUR HEARTS,
WE'LL NEVER FORGET,
THE PETS WE HAVE LOVED AND
THE JOY THAT THEY'VE MET.

AVEC L'AMOUR DANS NOS CŒURS, NOUS N'OUBLIERONS JAMAIS LES ANIMAUX DE COMPAGNIE QUE NOUS AVONS AIMÉS ET LA JOIE QU'ILS ONT RENCONTRÉE.

IN THIS TALE OF LOVE,
IN THIS STORY'S FINESSE,
WE CHERISH OUR PETS,
FOREVER, NO LESS.

DANS CETTE HISTOIRE D'AMOUR, DANS LA FINESSE DE CETTE HISTOIRE, NOUS CHÉRISSONS NOS ANIMAUX DE COMPAGNIE, POUR TOUJOURS, RIEN DE MOINS.

SWEET DREAMS, GOOD NIGHT!

BONNE NUIT ET FAIS DE BEAUX RÊVES!

NAME THE PETS
FOREVER IN YOUR HEART:

NOMMEZ LES ANIMAUX DE COMPAGNIE POUR TOUJOURS DANS VOTRE CŒUR :

AUTHOR BIO:
MARCY SCHAAF IS A DEDICATED AND COMPASSIONATE WRITER WHO HAS MADE IT HER MISSION TO HELP CHILDREN NAVIGATE THE COMPLEX AND EMOTIONAL JOURNEY OF COPING WITH THE LOSS OF A BELOVED PET. WITH A BACKGROUND IN CHILD PSYCHOLOGY AND A DEEP LOVE FOR STORYTELLING, MARCY BRINGS HER UNIQUE COMBINATION OF EXPERTISE AND CREATIVITY TO HER WORK.

HAVING WITNESSED THE PROFOUND IMPACT THAT THE LOSS OF A PET CAN HAVE ON CHILDREN, MARCY BELIEVES IN THE POWER OF STORYTELLING AS A WAY TO PROVIDE SOLACE, UNDERSTANDING, AND HEALING DURING DIFFICULT TIMES. THROUGH HER HEARTWARMING CHILDREN'S BOOKS, SHE STRIVES TO CREATE SAFE SPACES FOR CHILDREN TO PROCESS THEIR FEELINGS, LEARN ABOUT LOVE, LOSS, AND RESILIENCE, AND ULTIMATELY FIND COMFORT IN THE STORIES SHE WEAVES.

MARCY SCHAAF'S WRITING IS A TESTAMENT TO HER COMMITMENT TO MAKING A POSITIVE DIFFERENCE IN THE LIVES OF YOUNG READERS. HER BOOKS NOT ONLY ENTERTAIN BUT ALSO PROVIDE VALUABLE LIFE LESSONS AND A SENSE OF HOPE, ENSURING THAT CHILDREN CAN EMBARK ON THEIR OWN JOURNEYS OF HEALING AND GROWTH, EVEN IN THE FACE OF LOSS. WITH EACH STORY, MARCY HOPES TO INSPIRE EMPATHY, COURAGE, AND THE STRENGTH TO CHERISH THE MEMORIES OF THEIR FOREVER FRIENDS.

BIOGRAPHIE DE L'AUTEUR :
MARCY SCHAAF EST UNE ÉCRIVAINE DÉVOUÉE ET COMPATISSANTE QUI S'EST DONNÉ POUR MISSION D'AIDER LES ENFANTS À TRAVERSER LE PARCOURS COMPLEXE ET ÉMOTIONNEL DE LA PERTE D'UN ANIMAL DE COMPAGNIE BIEN-AIMÉ. AVEC UNE FORMATION EN PSYCHOLOGIE DE L'ENFANT ET UN PROFOND AMOUR POUR LA NARRATION, MARCY APPORTE SA COMBINAISON UNIQUE D'EXPERTISE ET DE CRÉATIVITÉ À SON TRAVAIL.

AYANT ÉTÉ TÉMOIN DE L'IMPACT PROFOND QUE LA PERTE D'UN ANIMAL DE COMPAGNIE PEUT AVOIR SUR LES ENFANTS, MARCY CROIT AU POUVOIR DE LA NARRATION COMME MOYEN D'APPORTER RÉCONFORT, COMPRÉHENSION ET GUÉRISON DANS LES MOMENTS DIFFICILES. À TRAVERS SES LIVRES POUR ENFANTS RÉCONFORTANTS, ELLE S'EFFORCE DE CRÉER DES ESPACES SÛRS PERMETTANT AUX ENFANTS DE GÉRER LEURS SENTIMENTS, D'EN APPRENDRE DAVANTAGE SUR L'AMOUR, LA PERTE ET LA RÉSILIENCE ET, FINALEMENT, DE TROUVER DU RÉCONFORT DANS LES HISTOIRES QU'ELLE TISSE.

LES ÉCRITS DE MARCY SCHAAF TÉMOIGNENT DE SON ENGAGEMENT À FAIRE UNE DIFFÉRENCE POSITIVE DANS LA VIE DES JEUNES LECTEURS. SES LIVRES NON SEULEMENT DIVERTISSENT, MAIS FOURNISSENT ÉGALEMENT DE PRÉCIEUSES LEÇONS DE VIE ET UN SENTIMENT D'ESPOIR, GARANTISSANT QUE LES ENFANTS PEUVENT SE LANCER DANS LEUR PROPRE VOYAGE DE GUÉRISON ET DE CROISSANCE, MÊME FACE À UNE PERTE. AVEC CHAQUE HISTOIRE, MARCY ESPÈRE INSPIRER DE L'EMPATHIE, DU COURAGE ET LA FORCE DE CHÉRIR LES SOUVENIRS DE LEURS AMIS POUR TOUJOURS.